AF494433

ORAISON FUNÈBRE

DE

Monseigneur Léon-Jules-Marie BÉLOUINO

ÉVÊQUE DE HIÉROPOLIS

Prononcée le 2 Décembre 1890

DANS LA CHAPELLE DE L'INSTITUTION SAINT-MARTIN

A RENNES

PAR

M. L'ABBÉ MORELLE,

VICAIRE GÉNÉRAL HONORAIRE,

SECRÉTAIRE PARTICULIER DE MONSEIGNEUR L'ÉVÊQUE DE SAINT-BRIEUC

SAINT-BRIEUC

IMPRIMERIE FRANCISQUE GUYON, LIBRAIRE-ÉDITEUR

Rues Saint-Gilles, 4, et de la Préfecture, 18.

1890

ORAISON FUNÈBRE

DE

MONSEIGNEUR LÉON-JULES-MARIE BÉLOUINO

Évêque de Hiéropolis

PRONONCÉE LE 2 DÉCEMBRE 1890

DANS LA CHAPELLE DE L'INSTITUTION SAINT-MARTIN, A RENNES

PAR

M. l'Abbé MORELLE,

VICAIRE GÉNÉRAL HONORAIRE,

SECRÉTAIRE PARTICULIER DE MONSEIGNEUR L'ÉVÊQUE DE SAINT-BRIEUC.

Quid dulcius melle et quid fortius leone ?
Qu'y a-t-il de plus doux que le miel et de plus fort que le lion ?
(*Jud.*, 14-18).

ÉMINENCE, (1)
MONSEIGNEUR, (2)
MES RÉVÉRENDS PÈRES,
MES FRÈRES,

C'est faire d'un homme un grand éloge que de montrer que pendant le cours d'une vie longue et ballottée en sens divers par les événements, il est toujours resté fidèle aux leçons d'honneur et de vertu de ses premiers maîtres, et que sa tombe n'a point démenti son berceau.

---

(1) Son Éminence le cardinal Place, archevêque de Rennes.
(2) Monseigneur Fallières, évêque de Saint-Brieuc.

C'est l'éloge que décerne à la mémoire de celui que nous pleurons la pieuse manifestation dont vous êtes les témoins. Il faut bien le dire, nul ne l'a mérité plus que lui. Cette maison de Saint-Martin qui fut le doux nid d'où il prit son essor pour s'élancer dans la vie, il l'a honorée par l'autorité et la fermeté de son esprit, par le fidèle et filial attachement de son cœur, par les fortes vertus et les ardentes convictions dont il a donné l'exemple, non moins que par l'éclat d'une carrière qui sortit de l'épreuve plus glorieuse et plus féconde, et qui trouva son couronnement dans une mort digne d'envie. Et voilà pourquoi Saint-Martin, reconnaissant à son tour, et voulant lui rendre quelque chose de l'honneur qu'il en reçoit, se voile de deuil, étend sur ses murailles un long crêpe et convie ses amis à venir répandre sur la tombe fraîchement creusée d'un des plus illustres parmi ses enfants, des larmes, des prières, des louanges.

Ils sont accourus empressés, les survivants déjà rares — tant la mort est impatiente — de cette génération de 1842 qui le comptait dans ses rangs, ceux qui, plus tard, furent ses disciples, ses frères dans le sacerdoce, ses collaborateurs ou ses amis et qui, mêlés à sa famille en pleurs, forment en ce moment, autour de sa mémoire, une couronne de regrets, de sympathies et d'honneur.

La louange qui se dégage de cette solennité funèbre trouve sa suprême éloquence dans l'éclat que lui apporte la présence de deux illustres prélats. L'un, après s'être félicité de posséder dans le vaste et catholique diocèse que Dieu lui confiait, un frère dans l'épiscopat, sur le dévoûment duquel il fondait des espérances dont je fus le confident, ayant à peine eu le temps de lui prodiguer les marques de sa haute et religieuse déférence, dut bientôt, pour consoler sa douleur, demander à ses prêtres de venir auprès de son cercueil mêler leurs larmes à ses larmes, leurs hommages à ses hommages, et faire éclater sur sa tombe, inopinément ouverte, tout son cœur dans un déchirant adieu. L'autre apporte à sa cendre, avec la triple majesté de ses cheveux blancs, de sa haute intelligence et de ses vertus, le seul honneur que pût ambitionner et la grande consolation que pût désirer son âme éminemment épiscopale : se sentir en communion dans la mort comme dans la vie avec cette Église de Rome qu'il aimait tant, et dont la pourpre vient tempérer de ses reflets la tristesse de ces funèbres tentures.

Il semble que devant un spectacle si éloquent tout discours est superflu. Mais, puisque l'âme en deuil trouve un adoucissement à sa douleur au récit de la vie de celui qu'elle pleure, plus d'une voix, dans cette enceinte, eût pu reprendre avec une précision, un charme et une chaleur empruntée à ses souvenirs personnels, la trame de la vie qui vient de se briser. En faisant appel à une parole dépourvue de cette autorité, n'a-t-on pas déjà montré qu'une telle vie a, en elle-même et dans ses actes, une éloquence capable de suppléer à l'insuffisance du panégyriste ?

L'intelligence, le cœur, la volonté, tels sont les trois grands ressorts de toute vie humaine. Si, ouvrant à vos yeux ces trois facultés maîtresses, je parviens à vous montrer dans la vie que je voudrais évoquer devant vous, la suavité du miel caché sous la force du lion : *quid dulcius melle, quid fortius leone*, j'aurai épuisé le tribut d'éloge que j'ai le dessein de payer à la mémoire de MONSEIGNEUR LÉON-JULES-MARIE BÉLOUINO, évêque de Hiéropolis.

I.

Léon-Jules-Marie Bélouino naquit à Lamballe le 8 décembre 1824. Le toit qui abrita son berceau était-il de ceux que la fortune a favorisés de ses dons ? Je l'ignore. Une phrase détachée de pages intimes qui me furent obligeamment confiées, me porte à croire le contraire. Evoquant, à la veille de son sacre, le souvenir de David enlevé à son troupeau pour être placé sur le trône d'Israël « *de post fœtantes accepit eum* », il ajoute : « Je puis en dire autant de moi, Seigneur ; je suis le fils de parents qui m'ont élevé par le travail, et l'aïeul de l'évêque de Hiéropolis fut le serviteur de l'évêque de Saint-Brieuc » (1).

Mais, à défaut des biens fragiles de la fortune, Amand Bélouino et Thérèse Nozières, ses parents, étaient riches des dons plus solides de la grâce et, dès le lendemain de sa naissance, ils portèrent l'enfant que Dieu venait de leur donner, dans cette église de Saint-Jean de Lamballe dont il ne parlera jamais qu'avec émotion, parce qu'elle devait être le théâtre des grands événements de sa vie chrétienne, sacerdotale, épiscopale.

Le sacrement de baptême lui fut conféré par M. l'abbé de Lesquem, alors vicaire de Lamballe, et qui mourut chanoine de cette métropole de Rennes. Aux petites écoles d'abord, puis au collége de la ville, il donna les preuves d'une intelligence précoce, d'un esprit prompt et délié ; tous les succès couronnèrent son application et ses heureuses dispositions ; la médaille du département, distinction fort appréciée, parce qu'elle était la récompense du travail et de la conduite, lui fut décernée, et telle fut la rapidité de ses progrès, que le principal du collége ne tarda point à déclarer que le développement de ses facultés appelait désormais un enseignement plus large.

Quelques mois plus tard, il quittait Lamballe et son site

(1) Retraite de sacre.

charmant, et la chère église Saint-Jean et son foyer pour l'Angleterre. Pourquoi l'Angleterre ? Une alliance qui lui ménageait par delà la Manche un toit hospitalier et la vie de famille sur la terre étrangère ; la sage prévoyance de son père qui désirait le voir initié à la langue d'un peuple colonisateur et commerçant : voilà la réponse humaine. Dieu voyait plus loin, et quand on entendra plus tard la parole forte, convaincue, savante de l'orateur sacré, on comprendra que rien ne fourbit les armes de la vérité comme le contact de l'erreur. Quand il revint en France, il avait de la langue anglaise une connaissance approfondie et son esprit s'était élargi avec les horizons. Il était parvenu à ce point des études classiques que l'on a si bien nommé les humanités, parce qu'en donnant à toutes les nobles facultés de son esprit et de son cœur un plus large essor, elles contribuent singulièrement à la formation et au développement de l'homme moral.

C'est à vous, mes Révérends Pères, qu'il vint demander cette clef de l'antiquité, cette culture intellectuelle, ce goût des lettres, ce culte des chefs-d'œuvre de la pensée ou de l'art qui est la marque d'un esprit délicat et qui donne à la vie tant de charme. Il ne pouvait s'adresser à meilleure enseigne. Vous aviez fait vos preuves. Nés en 1643, c'est-à-dire au milieu de ce siècle éblouissant qui s'ouvre sous le charme de la parole et des vertus de saint François de Sales, qui s'émeut au souffle poétique et aux nobles inspirations de Corneille et de Racine, et qui tressaille encore à son déclin aux incomparables accents de Bossuet ; sortis du cœur du P. Eudes, l'un de ces hommes admirables qui illustrèrent ce grand siècle par la fermeté de leur génie non moins que par l'éclat de leur sainteté, et dont le nom se place à côté de celui des Vincent de Paul, des Olier, des Bérulle, vous n'aviez menti à aucune des traditions de votre glorieux berceau et, en même temps que le sens littéraire le plus pur, vos maisons d'éducation avaient gardé le culte de toutes les vertus.

Quand la porte de Saint-Martin s'ouvrit devant le nouvel élève, la loi de liberté de 1850 ne vous avait point encore affranchis de la tutelle universitaire et vous suiviez les cours du collége royal, ce qui ne vous empêchait point d'imprimer déjà sur les jeunes gens confiés à votre sollicitude, cette forte et particulière empreinte qui les distingue dans la vie.

Léon Bélouino offrit lui-même son âme à cette frappe dont il était fier et à laquelle il reportera la gloire de tous ses succès à venir. A Saint-Martin il fut un élève modèle, « se fit remarquer d'abord par l'énergie, la tenacité de son caractère : *quid fortius leone*, et aussi par l'élévation de son intelligence qui n'avait rien de vulgaire » (1).

Quoi d'étonnant que ce travail patient et opiniâtre, mis au service d'une intelligence d'élite, lui ait permis d'achever toutes ses humanités dans l'espace de deux ans, de remporter tous les succès et de cueillir les palmes académiques?

Le Grand Séminaire de Saint-Brieuc offrit bientôt à son esprit si ferme un aliment plus substantiel. Les pages sacrées que Dieu lui-même a dictées aux écrivains inspirés; les larges horizons de la théologie venant reculer encore les limites du champ, déjà si grand, ouvert à la philosophie ; la mine d'or où les Pères et les Docteurs ont accumulé les trésors de leur science et de leur génie ; les annales qui relatent l'histoire de l'Eglise, de son miraculeux développement dans le monde, de ses victoires sur l'erreur, les passions et la force brutale; le code admirable de sa morale,

---

(1) Lettre du R. P. Havard, supérieur de l'institution Saint-Martin.

de son culte et de sa discipline, tout ce vaste pays de la lumière exerçait sur sa pensée une puissante attraction. Elle l'explora dans tous ses moindres replis avec une ardente et religieuse curiosité.

Cependant, si difficile est la conquête de la science, qu'après de fortes études, il avait plutôt ce que j'appellerai les intuitions et les pressentiments de la science que la science elle-même. Combien qui en restent là !

Pour étendre et surtout préciser ses connaissances, le moyen le plus sûr c'est d'enseigner, selon l'adage : *si vis discere doce*. Il enseignera les sciences exactes aux *Cordeliers* de Dinan, et la rhétorique à l'école Saint-Charles de Saint-Brieuc, avec une égale distinction, tant la souplesse de son esprit se prête aisément aux formes les plus variées et en apparence les plus opposées des connaissances humaines.

Mais il est une phase de sa carrière de professeur qui, pour courte qu'elle fut, exerça sur sa vie intellectuelle une influence que je veux signaler.

Une vieille et chrétienne famille de Saint-Brieuc (1) ayant demandé à Monseigneur Le Mée un précepteur ecclésiastique pour faire l'éducation de ses deux fils, l'abbé Bélouino fut désigné. Le milieu était pour lui plaire. Un membre de la famille était prêtre et devait occuper dans le clergé de Paris un rang élevé (2). Le père, au bout d'une carrière des plus honorables, remplie de luttes glorieusement soutenues par l'épée et la plume, après avoir reçu le saint viatique dans une chambre jonchée de fleurs et aux échos d'un cantique eucharistique chanté par sa fille,

---

(1) M. Geslin de Bourgogne.

(2) M. l'abbé Geslin de Bourgogne mort archiprêtre de Notre-Dame de Paris.

devait faire la mort d'un saint. Cette même fille, méprisant les promesses d'un brillant avenir et dominant les timidités naturelles à la femme, devait s'enrôler pour les missions lointaines. Les jeunes gens étaient des natures d'élite ; Saint-Cyr les compta parmi ses élèves les plus distingués et la cavalerie française au nombre de ses plus brillants officiers. Le maître n'avait donc pas été au-dessous de sa tâche.

Mais, s'il avait donné sa science et son dévoûment, il avait puisé, en retour, dans ce commerce intime avec des âmes élevées, délicates, cultivées, ce goût des choses de l'esprit, qui le distinguera toute sa vie, l'empêchera de tomber jamais dans la vulgarité, lui assurera un rang honorable au sein de toutes les sociétés savantes de la Bretagne, et vaudra aux amateurs de nobles pensées revêtues d'une forme toujours classique, des pages respirant le parfum de l'antiquité ; soit que dans des fêtes scolaires, à Saint-Charles, à l'Institution de Notre-Dame de Guingamp, dans son cher pensionnat de la Providence, il discoure de l'amitié ou de l'excellence de la science de Jésus-Christ par rapport aux autres sciences ; soit que, dans des séances inoubliables de la Société d'Emulation des Côtes-du-Nord, assis à côté de son élève d'autrefois, il fasse un plaidoyer savant en faveur de notre vieil idiome français, ou qu'il développe ses idées sur la philosophie de l'art en un langage à la fois imagé et sobre, poétique et rationnel, suave comme le miel, fort comme le lion : *quid dulcius melle, quid fortius leone ?*

C'est à peu près à la même époque de sa vie que se place un épisode, qui eut alors son retentissement, et dans lequel il se révéla avec tout son avenir. On était en 1851, à l'avant-veille du Carême. Le prédicateur attendu pour la chaire de la cathédrale de Saint-Brieuc fait défaut à la dernière heure. Grand émoi dans le clergé et parmi les fidèles. L'opinion désigne l'abbé Bélouino pour sauver la situation. Monseigneur Le Mée souscrit à la voix publique, et le jeune prêtre, avec une grande modestie et une calme confiance dans le secours de Celui qui est le *Père des lumières*, prêche une station qui groupe autour de la chaire un nombreux et fidèle auditoire où les hommes sont en majorité, attirés et retenus par une doctrine puisée aux sources vives de l'Ecriture et des docteurs, par une argumentation serrée, pressante, impitoyable, dont la logique s'est fortifiée au contact du protestantisme, et par une parole vibrante et toujours correcte. Sa carrière oratoire n'a fait que confirmer ces promesses. Vous qui l'avez entendu plus tard, dites-moi si vous n'avez pas toujours trouvé sur ses lèvres le miel de la doctrine sous l'énergie du langage : *quid dulcius melle, quid fortius leone ?* Dès lors aussi sa belle intelligence avait donné sa mesure ; elle ne fera que s'agrandir encore par un travail persévérant, par la passion des livres, par des lectures nombreuses, faites toujours la plume à la main, par ce regard attentif qu'il apporte au mouvement des idées de son temps, et la place distinguée qu'il vient de conquérir parmi les lettrés, les érudits et les orateurs de la Bretagne, il la gardera toujours.

II.

L'esprit n'est point tout l'homme, il n'en est même point la meilleure partie. C'est surtout par le cœur que l'homme vaut. Le cœur a des intuitions qui suppléent au génie, le génie ne remplace jamais le cœur. Si son cœur s'est pétrifié dans sa poitrine : *cor ejus indurabitur tanquam lapis* (1), rien de glacial et de dur comme un homme,

---

(1) Job, 41-15.

eût-il dans son regard l'éclair du génie. Cette flamme sainte prend alors comme des reflets d'acier. Elle ramène obstinément devant mes yeux la cynique figure du philosophe de Ferney qui avait d'un démon tout l'esprit, mais aussi la froide cruauté ; ou l'ange lui-même, insultant dans sa superbe à la main qui l'a foudroyé.

Au contraire, l'homme de cœur a en lui-même une vertu communicative dont le rayonnement gagne, attire et réchauffe tous ceux qui l'approchent. Du bon trésor de son cœur il tire, pour les répandre autour de lui, de bonnes choses : *De bono thesauro profert bona* (1) ; il me fait songer à Vincent de Paul et à sa charité débordante, ou plutôt à Jésus qui passait en faisant le bien.

Ceux qui n'ont vu l'abbé Bélouino, ou l'Evêque de Hiéropolis, qu'à distance, ont pu être frappés de son abord un peu austère, et emporter une haute idée de la trempe énergique de son caractère : *quid fortius leone ?* sans avoir soupçonné les richesses de son cœur. Une certaine réserve naturelle frisant la timidité, une sorte de défiance de lui-même et de dédain pour les liaisons banales et éphémères, la simple et grande loyauté d'une âme qui, ne se donnant jamais à demi, a le droit d'exiger une réciprocité de confiance, le rendaient circonspect et un peu éclectique dans ses relations, mais ceux qui ont eu l'honneur d'être admis dans son intimité, pourraient nous dire la fidélité inviolable de son amitié, les délicatesses et la suavité de son cœur : *quid dulcius melle ?*

C'est toujours sur les genoux de nos mères, aux sourires de leurs regards, aux battements de leur propre cœur que notre cœur s'émeut, et c'est vers elles qu'il se porte dans

---

(1) Math., 12-35.

son premier élan. Non seulement le cœur de Léon Bélouino n'a point échappé à cette loi, mais nul ne l'a subie avec plus de docilité et de joie. Les affections de la famille ont toujours tenu une grande place dans sa vie. Il aimait tous les siens, et, plus d'une fois, à l'heure de l'épreuve, il parut auprès d'eux comme le mandataire de la Providence de Dieu.

Je ne veux pas chercher s'il y eut dans son cœur une prédilection pour tel ou tel membre de sa famille. Je sais cependant que Dieu lia plus étroitement sa destinée à celle d'une sœur. « Il est dans la famille, telle que les » cœurs épris de l'idéal peuvent la rêver, dit un écrivain » doué d'une grande finesse d'observation (1), il est un » être qui joue un rôle tout à fait à part, et dont l'influence » morale sur le jeune homme a quelque chose de char- » mant : c'est la sœur. Est-elle plus jeune que son frère, » c'est presque une fille pour lui. Est-elle plus âgée, c'est » presque une mère. Dans l'un et l'autre cas, c'est une » sauvegarde. » Cette sauvegarde, Dieu la lui donna. Après avoir été l'appui de sa jeunesse, elle sera la compagne et la consolation de ses derniers jours. Il avait une nièce non moins aimée. Dieu la lui demanda et voulut qu'il la laissât, avec une grande part de son cœur, dans sa chère communauté de la Providence. Quand il faudra dire adieu à la France, l'une et l'autre rendront son sacrifice à la fois plus grand et plus facile. « Ce qui me donne cette » confiance — d'accepter l'épiscopat et l'exil — ce sont » les paroles fortifiantes de votre humble serviteur des » Récollets, de Rennes ; c'est le courage de ma sœur et » de sa fille, cette âme si simple que vous avez faite

---

(1) Ernest Legouvé.

» votre épouse, et dont vous avez daigné vous servir pour » m'encourager au sacrifice... » (1).

Quant à sa mère, ce n'était pas seulement de la tendresse qu'il avait pour elle ; c'était plus que du respect, c'était un véritable culte ! C'est à elle qu'il renvoyait le mérite de ce qu'il y avait de bon chez lui. Ses moindres désirs lui étaient sacrés, et, selon le conseil de l'Ecriture, ce n'est pas seulement dans sa main et sous ses regards qu'il tenait ses préceptes, il les avait gravés dans son cœur, et les portait sans cesse attachés à son cou comme une chaîne bénie : *ne dimittas legem matris tuæ. Liga ea in corde tuo jugiter et circumda gutturi tuo* (2). Nulle mère, il faut le dire, ne mérita mieux ces marques de respect. Entourer ses cheveux blancs des témoignages de sa vénération, lui adoucir les effrois et les souffrances de l'agonie, lui fermer pieusement les yeux, fut pour sa piété filiale la suprême consolation.

Cette famille que le lien du sang avait groupée autour de son cœur et qu'il réchauffait de sa flamme, s'agrandit bientôt d'une famille d'élection que l'amitié lui avait donnée. Il avait de ce sentiment délicat de l'âme, trop souvent profané, et qui répand sur la vie tant de charme, une haute idée. Ecoutez-le : « L'amitié est la poésie de la vie humaine. » Cette poésie, à qui est-elle restée inconnue ? Quelle âme » ne s'est pas laissé bercer de ses doux rêves ? Quel cœur » n'a pas chanté son cantique ? Quelle bouche ne s'est pas » ouverte pour dire et quelle oreille pour entendre : O ami, » je t'aime ! » (3). Toute l'histoire des amitiés de sa vie

(1) Retraite de sacre.

(2) Prov., 6, 20-21.

(3) Discours prononcé à la distribution des prix de l'institution Notre-Dame de Guingamp, le 20 juillet 1867.

nous est révélée dans ces lignes exquises. Nul ne fut plus chaud, plus sûr ni plus fidèle en amitié. Cette visite de l'adversité qui met en fuite l'essaim égoïste des faux amis, le retenait auprès de l'ami malheureux, et alors son cœur se versait tout entier dans l'âme éprouvée comme un baume salutaire et fortifiant : *factum est cor meum, tanquam cera liquescens* (1).

Jamais on ne fit en vain appel à son dévoûment. Ne l'a-t-on pas vu se restreindre dans son presbytère de Moncontour afin de permettre à son vénérable prédécesseur (2) d'y finir ses jours ? « C'est mieux qu'un sentiment de reconnaissance, dit-il, qui m'a engagé à laisser à sa disposition » un appartement de la maison presbytérale. C'est le respect qu'inspire la triple couronne du sacerdoce, de la » vieillesse et de la pauvreté » (3). Cet acte de charitable et religieuse déférence eut sa récompense dans le sentiment d'un devoir de respectueuse amitié noblement accompli. « Rarement et plus d'une fois pourtant, nous avons vu la » vieillesse entourée d'amis vrais et dévoués ; au tribut » d'affection qu'elle recevait, il nous a été donné de joindre » la part de notre cœur » (4). L'allusion n'est-elle pas transparente ?

Les pauvres étaient ses amis de prédilection ; son cœur et sa main leur étaient toujours ouverts. « Voici l'hiver, » disait-il à la confidente discrète et à la digne auxiliaire » de ses libéralités, je ne veux pas que tu refuses un seul » pauvre », et les habitants de Moncontour ou d'Hillion auront longtemps devant les yeux le spectacle touchant de

(1) Psaume 21-15.
(2) M. l'abbé Baignoulx.
(3) Registre de paroisse de Moncontour.
(4) Discours de Guingamp.

l'évêque de Hiéropolis prenant par la main de pauvres enfants rencontrés dans la rue et les conduisant lui-même chez le cordonnier pour protéger contre le froid ou la pierre du chemin leurs petits pieds nus et meurtris.

Et son cœur était assez vaste pour que les saintes affections que je viens de nommer y laissassent une place de choix pour des tendresses plus saintes encore. Il est une mère qu'il aimait par dessus celle qui lui avait donné la vie : l'Eglise, à qui il devait son baptême et son sacerdoce ; il est un Père qu'il vénérait autant qu'il l'aimait, parce qu'il voyait reluire sur son front le signe de la plus haute paternité qui soit au monde : le Pape ! l'Eglise et le Pape ! Voilà les deux grands amours qui ont rempli son cœur. L'Eglise et le Pape ! Toute sa vie de prêtre, toute sa vie d'évêque s'est orientée à ces deux grandes lumières qui n'en font qu'une. Et c'est à sa mère encore qu'il renvoyait l'hommage et la reconnaissance de ces élans de son cœur vers ces deux saintes figures. « Ah ! l'amour du Pape, » s'écrie-t-il dans une oraison funèbre de Pie IX, dont » l'église de Moncontour a entendu les accents émus, ah ! » l'amour du Pape, je l'ai recueilli des lèvres et du cœur » de ma mère, il a grandi avec moi, il a vraiment fait partie » de mon existence ! » (1). Ce dévoûment à la personne auguste du Vicaire de Jésus-Christ, il en a si bien le sentiment et il en réclame si fièrement le bénéfice, que quand le décret pontifical l'appellera au redoutable honneur de l'épiscopat, ne se reconnaissant pas d'autre mérite, il se demandera si ce n'est pas à lui qu'il doit d'avoir fixé le regard du Chef de l'Eglise : « J'ai pleuré le trépas de » Pie IX ; j'ai essayé de redire les hauts faits de sa vie et

(1) Oraison funèbre de Pie IX.

» les grandeurs de sa mort. Serait-ce lui qui aurait voulu » reconnaître mon pieux dévoûment en m'obtenant d'être » appelé à l'épiscopat ? » (1).

On a dit que c'est le cœur qui donne à l'éloquence sa flamme. Est-ce parce qu'il y avait mis tout son cœur que l'abbé Bélouino ne fut jamais plus éloquent que sur la tombe de Pie IX, et sur la tombe sanglante et glorieuse des héros qui tombèrent au champ d'honneur à Castelfidardo, et versèrent pour l'Eglise et pour le Pape le plus pur sang de la Bretagne (2).

N'allez pas croire cependant que dans les autres circonstances son éloquence ne fût faite que des implacables déductions d'une forte raison, ou des affirmations sans conteste d'une vaste érudition, puisée aux sources de l'Écriture ou des Pères. Que de fois, alors que les vieilles années n'avaient point encore ralenti son action oratoire, le cœur n'éclata-t-il pas chez lui en des cris triomphants ! Ils n'oublieront point de sitôt, les paroissiens de Plénée-Jugon, ce sermon de l'Ascension « où il montrait l'âme chrétienne » s'élançant à la suite de Notre-Seigneur pour aller prendre » possession du bonheur céleste. Ses auditeurs, d'abord » assez distraits, les bras pendants, les jambes croisées, » commencent par fixer sur lui leurs regards, se recueil- » lent, empoignés, suspendus, se lèvent tous à la fois, » respirant à peine et ne reprenant possession d'eux-mêmes » que quand il a cessé de parler. » (3)

---

(1) Retraite de sacre.

(2) Discours prononcé dans l'église Notre-Dame de Bon-Secours à Guingamp, à l'occasion d'un service funèbre pour MM. Hyacinthe de Lanascol, Paul de Parcevaux et Alfred de La Barre de Nanteuil, volontaires pontificaux.

(3) Lettre du R. P. Havard, supérieur de l'institution Saint-Martin de Rennes.

Et voilà comment la chaire chrétienne qui nous avait déjà montré dans son plein épanouissement sa belle intelligence, nous révèle encore les trésors de son chaud et noble cœur.

III.

Si le cœur, joint à l'intelligence, perfectionne l'homme, la volonté seule l'achève. L'esprit, sans le cœur, devient souvent une puissance implacable et égoïste ; le cœur, sans la volonté, exposerait à toutes les fluctuations du sentiment et de l'impression. Comme à la nacelle ballottée sur la vague capricieuse, il faut un gouvernail tenu par une main ferme, il faut au cœur humain une force qui le sauve de sa mobilité en lui imprimant vers le bien une vigoureuse impulsion. Cette force qui gouverne le cœur, c'est la volonté. C'est elle qui fait l'homme et qui l'arme pour les combats et les victoires de la vertu.

C'était, chez Monseigneur de Hiéropolis, la puissance maîtresse : *quid fortius leone ?* Les triomphes de la volonté éclatent à chacune des étapes de sa vie.

C'est appuyé sur l'énergie de sa volonté qu'il parvint à l'autel. Sa vocation sacerdotale n'était point douteuse et s'était révélée de bonne heure. Tout petit enfant, sa pieuse mère le conduisait chaque matin à la messe de 6 heures. Léon, bercé par le mouvement cadencé de la route, continuait bientôt, dans les bras maternels, le sommeil un instant interrompu et, quand il se réveillait sur le banc où sa mère l'avait déposé, son regard rencontrait la lampe du sanctuaire en qui il voyait l'œil du bon Dieu, et il lui semblait qu'une voix mystérieuse, venue de quelque part, l'appelait. Ainsi Samuel, endormi dans le temple, avait entendu quatre fois l'appel de Dieu. Dès qu'à son accent

Léon grandi eut reconnu la voix divine, il lui répondit aussi dans son cœur : Parlez, Seigneur, je vous écoute (1).

C'est aux obstacles que la vocation s'éprouve. Pour lui, l'épreuve ce fut l'Angleterre. Jeté, à 14 ans, dans le milieu desséchant d'un collége protestant, loin de se refroidir, son zèle s'enflamme, et seul, avec une force de volonté peu commune, il se livre sans maître et à ses moments perdus, à l'étude du latin en vue du sacerdoce dont la pensée ne le quitte pas ; et sa vocation s'affirme si bien, que Monseigneur Bécorm, venu à Nottingham pour donner la confirmation, veut l'emmener à Bath et se charger de son éducation cléricale.

Par déférence pour les désirs paternels, Léon renonce à cette offre séduisante, revient en France, s'affermit dans sa vocation à cette école de Saint-Martin et sous l'onction de la confirmation qu'il reçoit des mains de son Eminence le cardinal Saint-Marc, entre au grand séminaire de Saint-Brieuc le 1er octobre 1844, et est ordonné prêtre le 3 mars 1849 par Monseigneur Jacques-Jean-Pierre Le Mée, de grande et sainte mémoire.

Ses vœux sont donc enfin comblés. Le voilà à l'autel du Dieu qui réjouit sa jeunesse. La même force de volonté qui l'y a porté, l'y maintiendra à un degré éminent de perfection sacerdotale. Successivement aumônier des Frères à Saint-Brieuc, vicaire à Quintin et à Loudéac, professeur à Saint-Charles, chapelain de la Providence, recteur d'Erquy et de Plénée-Jugon, enfin curé de l'importante paroisse de Moncontour, il se montrera partout l'homme de Dieu et le serviteur des âmes. « De nos jours surtout, » disait un illustre Evêque (2), pour être prêtre, même le

(1) I, Reg. 3-10.
(2) Monseigneur Dupanloup.

» plus humble, il faut être né grand ou le devenir. » L'abbé Bélouino sentait la vérité de cette parole, il envisageait toutes choses par les côtés élevés. « Aussi, rien de » vulgaire chez lui, ni dans sa tenue, ni dans sa parole, » ni dans ses pensées (1). » Doué d'un coup d'œil sûr et pénétrant, il avait des besoins de son pays et de son temps une intelligence profonde. Dans une lettre récente, Monseigneur de Saint-Brieuc confiait à ses prêtres une des sollicitudes les plus vives de son cœur d'Evêque et, voulant armer, protéger et affermir la foi menacée de la jeunesse bretonne, il établissait l'œuvre des catéchismes de persévérance qui obtient ailleurs de si consolants résultats.

Cette institution si utile, l'abbé Bélouino fut le premier, presque au lendemain de son ordination, à la tenter dans cette chapelle de Saint-Pierre où, chaque dimanche, il groupait de nombreux jeunes gens, et il ne tint pas à lui que cet essai ne fût couronné d'un succès durable. Il sut d'ailleurs donner toujours à ses conférences religieuses et à son enseignement catéchistique, en même temps que la solidité de la doctrine, ce tour vif et piquant d'un esprit délié et familiarisé avec toutes les questions contemporaines.

Persuadé comme le saint Evêque de Genève que « la » science à un Prêtre est le huitième sacrement de la » hiérarchie de l'Eglise » (2), il ne fermait jamais ses livres et ne déposait jamais la plume. Quoi d'étonnant qu'un prêtre si instruit et si vertueux en même temps, devînt bientôt une des lumières du clergé Breton ?

L'éclat de cette lumière devait attirer sur lui les regards, et appeler sur ses épaules les dignités ecclésiastiques. Déjà, le 25 août 1872, Monseigneur David l'avait honoré du

(1) Lettre de M. l'abbé Gauthier, recteur d'Yffiniac.

(2) Saint François de Sales.

titre de chanoine honoraire. Une autre gloire de la Bretagne, Monseigneur Le Breton, élevé sur le siége épiscopal du Puy, lui demanda de venir partager sa lourde charge en qualité de vicaire général. L'amour de la Bretagne et de son troupeau lui fit décliner cette offre si flatteuse et cette marque de haute confiance.

Quels motifs triomphèrent plus tard de ses résistances et l'arrachèrent à sa patrie et à son eglise pour un exil plus lointain ? C'est le moment de le dire.

Dans la première moitié de ce siècle, deux hommes, frères par le nom, par le sang, presque par le génie, illustrèrent, à des titres bien différents, cette noble province de Bretagne.

Tandis qu'à la frontière de ce département, sous ces ombrages célèbres de La Chesnaie, sur les bords de ce lac légendaire, dans la solitude recueillie de la chapelle et de la bibliothèque, le premier, après avoir groupé autour de sa pensée l'élite des grandes âmes de son temps, et permis à l'Eglise les plus belles espérances, l'attristait par l'éclat de son apostasie, et descendait, par des pentes déshonorées, vers une tombe sans bénédiction et sans prière ; le second, sur un autre point de la Bretagne, préparait le remède aux erreurs fraternelles dans la fondation d'un double institut consacré à l'instruction et à l'éducation chrétienne de la jeunesse bretonne. Après une longue et féconde carrière, durant laquelle il tint dans le clergé de Saint-Brieuc une grande place toujours, et pendant cinq ans la première (1) ; chargé d'années et de mérites, il fut inhumé avec les honneurs, les larmes et les prières de l'Eglise, qui fit entendre sur sa tombe des paroles éloquentes. Ce fut l'abbé

(1) Jean-Marie de Lamennais administra pendant cinq ans le diocèse de Saint-Brieuc, en qualité de vicaire capitulaire.

Bélouino qui prononça son éloge funèbre au milieu de ses filles en deuil (1).

C'est à Ploërmel, au berceau de sa double famille religieuse, que l'abbé Bélouino avait connu Jean-Marie de Lamennais, dont il subit bientôt le charme. C'est à Ploërmel que Dieu avait placé le nœud de son avenir. A côté de l'abbé Jean-Marie et gravitant dans son orbite, une autre figure se détachait, non moins sympathique que la première. Dieu la réservait pour veiller sur le berceau de l'église d'Haïti, cette fille lointaine de la foi bretonne qui ne cesse de lui envoyer des évêques et des prêtres. Alexis Guilloux, élève lui aussi de Saint-Martin, et Léon Bélouino, nouèrent, sous l'œil du Maître, une de ces amitiés à l'épreuve du temps et de la distance, parce qu'elles sont fondées sur l'estime et la vertu. Aussi, à quelques années de là, du fond des Antilles, le nouvel archevêque de Port-au-Prince, se souvenant de l'ami d'autrefois et sûr de son dévoûment, appela le Curé de Moncontour à venir partager ses glorieux labeurs.

Préconisé dans le Consistoire du 20 août 1880, avec le titre d'évêque de Hiéropolis, auxiliaire de Port-au-Prince, sacré dans sa chère église de Lamballe, le 24 octobre suivant, par Monseigneur Grimardias, évêque de Cahors, assisté de Monseigneur Bécel, évêque de Vannes et de Monseigneur Carmené, évêque de la Martinique, en l'absence de Monseigneur David, retenu par une indisposition subite, Monseigneur Léon-Jules-Marie Bélouino abordait dans la rade de Port-au-Prince et faisait son entrée solennelle dans la ville métropolitaine le 11 janvier 1881, à 9 heures du matin.

(1) Dans la chapelle des Religieuses de la Providence, Saint-Brieuc, 2 2 janvier 1861.

Et quelle est donc la puissance qui lui avait fait traverser les mers ? La Bretagne n'avait-elle plus pour lui de charmes ? Ecoutez sa réponse : « De grâce, vous qui n'appartenez pas » à notre province, pardonnez-nous de l'aimer d'abord... » ce cher pays d'Armor, toujours loyal à Dieu, où il est » si doux de vivre, loin duquel si dur de mourir » (1).

N'aimait-il plus sa chère paroisse de Moncontour, et sa piété envers saint Mathurin, dont il avait développé le culte, s'était-elle refroidie ? Ecoutez ses mélancoliques adieux : « A Moncontour je laisse une bonne partie de mon cœur, » car cette population aime, par le fond de ses entrailles, » sa religion et ses prêtres. J'y laisse la moitié de moi- » même, ma sœur chérie, qu'il m'est si dur de quitter et » que je recommande à mon successeur » (2).

Etait-il las d'être heureux ? Les reflets de la croix d'or de l'Évêque fascinèrent-ils ses yeux au point de l'empêcher de voir la dure croix de bois et les lourdes responsabilités de l'épiscopat ? Dix ans il résiste à la voix pressante qui l'appelle ; il lui faut l'ordre du Pape pour s'incliner ; les pages de la retraite de son sacre sont pleines des terreurs qui l'assaillent devant les responsabilités du lendemain, et il prend pour devise : *Primum regnum Dei :* Avant tout le royaume de Dieu.

Quoi donc ? Je vais vous le dire. C'était en 1871. Il fallait un archevêque à Paris. Pour décider l'archevêque de Tours à quitter le tombeau de saint Martin pour celui de saint Denis, le gouvernement de M. Thiers lui députe un personnage politique très en vue et réputé pour son

---

(1) Éloge funèbre de Monseigneur Bouché, prononcé dans la cathédrale de Saint-Brieuc, le 17 juillet 1888, par Monseigneur Bélouino.

(2) Registre de paroisse de Moncontour.

éloquence persuasive. Le Prélat résiste. Le délégué insiste, lui montre Paris ensanglanté, ses édifices encore fumants, son archevêque fusillé et continuant la tradition glorieuse et sanglante de ses illustres prédécesseurs ; ce n'est donc pas à l'honneur qu'il l'appelle, mais à la peine, au martyre peut-être. L'archevêque de Tours est ébranlé. Avant de donner son dernier mot : « Le temps, dit-il, de consulter » quelqu'un sans l'avis duquel je n'ai jamais pris une » décision grave », et, après un moment d'hésitation : « Pourquoi, ajoute-t-il, ne vous dirai-je pas le nom de » Celui que je vais consulter ? *C'est Jésus-Christ.* » Une heure après, M. Jules Simon quittait Tours, emportant l'acquiescement du cardinal Guibert.

Le curé de Moncontour, lui aussi, était allé devant le tabernacle ; il avait consulté Jésus-Christ, et Jésus-Christ lui avait dit : *Pars !*

Et il était parti, laissant derrière lui tout ce qu'il avait aimé et allant vers un avenir plein d'inconnu. Mais Jésus-Christ lui montra bientôt que c'était au Calvaire qu'il l'envoyait et non pas au Thabor. Certes, son apostolat en Haïti fut fécond. Quand il n'était point en course apostolique, parcourant à cheval, sous un ciel ardent, des espaces immenses au prix de mille fatigues et par des chemins impraticables, il prenait la plume, la mettait au service de son archevêque, rédigeait des pastorales qui, à défaut de sa signature, portaient sa forte empreinte, écrivait dans le bulletin religieux d'Haïti des pages magistrales où ses amis de France reconnaissaient sa marque, et adressait à son peuple de ces homélies dans lesquelles il excellait et qui nourrissaient les âmes de la moëlle des Écritures.

Mais s'il fut fécond, son apostolat lointain fut de courte durée. Commencer à 56 ans la vie de missionnaire, affronter à cet âge le climat brûlant des Antilles, se plier à des mœurs, à des habitudes, à un genre de vie nouveau, c'était demander à la nature humaine plus qu'elle ne pouvait donner. L'Évêque de Hiéropolis en fit bientôt la cruelle expérience. Dieu, qui lui avait demandé le sacrifice douloureux de sa patrie, lui demanda bientôt un autre sacrifice plus douloureux que le premier : le sacrifice de sa seconde patrie. Au bout de quelques mois, en effet, il se vit en présence de cette alternative : le retour ou la mort. Il eût préféré la mort, il dut respecter des désirs basés sur des indications providentielles et accepter le retour. Mais il ne se consolera jamais de ses espérances déçues, de ses ambitions apostoliques trompées, de l'insuccès de son essai. Entendez cette note de mélancolique regret dans l'oraison funèbre de Monseigneur Hillion : « Associé pour un instant » à ses nobles labeurs, force m'a été d'abandonner le » champ sur lequel, plus heureux que moi, il a pu vivre » et mourir » (1).

« Ce n'était plus que l'ombre de lui-même », nous dit quelqu'un qui le vit au moment où, après un an, il touchait la terre de France.

Une volonté moins forte que la sienne eût succombé à cette suprême épreuve et, s'enveloppant dans son deuil, se fût condamnée à une volontaire inaction. L'Évêque de Hiéropolis ne se croyait pas le droit de stériliser les forces qui lui revenaient peu à peu. Cette période de sa vie fut peut-être, grâce à son énergie, la plus fertile en œuvres de zèle.

« Pasteur sans troupeau, Monseigneur Bélouino n'est » pas resté inactif. A l'exemple des évêques régionnaires » des premiers siècles, on l'a vu porter le secours de son

---

(1) Oraison funèbre de Monseigneur Hillion, archevêque de Port-au-Prince.

» ministère partout où il était appelé, suppléant les Pasteurs des diocèses, annonçant la parole de Dieu aux » peuples, prêchant des retraites ecclésiastiques, accom- » plissant les fonctions pontificales, se dépensant enfin pour » le salut des âmes : *Impendam et super impendar ipse pro* » *animabus vestris* » (1).

Paris surtout fut le théâtre de son zèle : « Il est bien » peu de paroisses dont il n'ait confirmé les enfants, ne » se plaignant que d'une chose, de garder encore quelques » jours de liberté » (2). Ses deux derniers archevêques l'honoraient d'une estime justifiée : « Ceux qui vivaient » avec lui, ont pu apprécier sa piété franche, ses connais- » sances sûres et variées, sa doctrine théologique pure et » ferme, son amour de l'Église et du Saint-Siège. Ces » qualités sérieuses empruntaient un nouveau charme à » l'agrément de ses relations dans l'intimité » (3).

Cependant Monseigneur Bélouino touchait au terme de sa vie. Pour le public, rien ne faisait prévoir le prochain dénoûment d'une carrière si bien remplie. Il avait prêché la dernière station quadragésimale dans la cathédrale de Saint-Brieuc ; le 6 mai, il avait prononcé l'éloge funèbre de Monseigneur Hillion à Ploërmel ; comme à l'ordinaire il avait donné la confirmation dans les églises de Paris ; saint Yves l'attendait à Tréguier, le 8 septembre. Mais lui,

(1) Lettre circulaire de Monseigneur l'évêque de Saint-Brieuc et Tréguier au clergé de son diocèse, pour lui annoncer la mort de Monseigneur Léon Bélouino, chanoine d'honneur de la cathédrale de Saint-Brieuc.

(2) Lettre de son Éminence le cardinal Richard, archevêque de Paris, demandant des prières et prescrivant la célébration d'un service funèbre dans l'église métropolitaine, pour le repos de l'âme de Monseigneur Bélouino, évêque de Hiéropolis.

(3) Ibidem.

n'avait-il pas plus que des pressentiments ? Le 8 juin, il présidait la procession du Saint-Sacrement, dans l'église du Sacré-Cœur, à Montmartre. Au salut, très ému, il priait à demi-voix selon son habitude, et sur ses lèvres, le diacre entendit ces mots : « O divin Maître, je vous offre volontiers ma vie pour le salut de l'Église et de la France. »

Fut-il exaucé ? Il était à Hillion où, chaque année, il venait demander à la mer et à une calme retraite, qu'une fidèle amitié lui avait ménagée, quelques semaines de repos. C'était le 25 août. Il descendait de l'autel. « Bienheureux, » avait-il dit dans la messe de saint Louis, le serviteur que » son maître, à son arrivée, trouvera vigilant » (1). Son action de grâces se prolongeant plus que de coutume, sa sœur, inquiète, s'approche de lui. Son corps était assis dans un fauteuil au fond de son oratoire, la tête légèrement inclinée, la figure calme et reposée ; son âme était partie ! Elle continuait au ciel l'action de grâces sans fin commencée sur la terre.

Rien ne manqua à la dignité de ses funérailles, à la paix de ses cendres, à la consolation des siens : ni cette dernière halte que ses restes mortels vinrent demander à cette pieuse chapelle de la Providence qu'il avait inaugurée et qu'il aimait tant (2) ; ni le concours religieux et sympathique des fidèles et d'un grand nombre de prêtres ; ni la muette éloquence de la cathédrale vêtue de deuil ; ni la présence providentielle du pieux évêque de Tarentaise (3) ; celle

(1) Saint Mathieu, 24-46

(2) Le corps de Monseigneur Bélouino fut transporté d'Hillion dans la chapelle des Religieuses de la Providence de Saint-Brieuc.

(3) Monseigneur Bouvier, évêque de Tarentaise.

plus providentielle encore de l'évêque du cap Haïtien (1) apportant aux cendres d'un de ses prédécesseurs les prières de cette lointaine Église, ni surtout la parole émue de Monseigneur de Saint-Brieuc.

Si aucune fleur, aucune couronne n'est venue dérober aux regards l'aspect sévère de son cercueil, c'est que, dans un testament vraiment épiscopal, il avait prohibé ces ornements « contraires, sinon à la loi de l'Église, du moins à » son esprit, aux leçons de la mort, à l'humilité chré- » tienne » (2), Prédicateur éloquent et fort jusque dans la bière : *Defunctus adhuc loquitur.*

Et maintenant, ô Pasteur, que votre dernier vœu soit exaucé ; que vos cendres reposent en paix, en attendant la résurrection glorieuse, au milieu de cette population de Moncontour que vous avez tant aimée et qui vous l'a si bien rendu, « dans cette chapelle de Saint-Michel, au bas, » du côté de l'évangile, le plus près possible de la tombe » de vos parents, qui est à l'extérieur » (3) ; gardées par les soins pieux du pasteur de votre choix et de celle qui fut votre sœur par l'élection de votre cœur autant que par le sang. Vos anciens paroissiens, en venant s'agenouiller sur votre tombe rediront la parole que se renvoyèrent l'un à l'autre l'Archevêque de Paris et l'Évêque de Saint-Brieuc à la nouvelle de votre mort si douce et si sainte : « *Pretiosa in conspectu Domini, mors sanctorum ejus.* » Précieuse est devant le Seigneur la mort de ses saints !

---

(1) Monseigneur Kersuzan, évêque du cap Haïtien.
(2) Testament de Monseigneur Bélouino.
(3) Ibidem.

Saint-Brieuc. — Imprimerie Francisque Guyon.

www.ingramcontent.com/pod-product-compliance
Ingram Content Group UK Ltd.
Pitfield, Milton Keynes, MK11 3LW, UK
UKHW020526180726
13839UKWH00005B/2341